Ulli Soak

Amore mit Kiki kompakt verpackt

ULLI SOAK

Amore mit Kiki kompakt verpackt

Mehr oder weniger ernst Gedichtetes
für das ganze Jahr

Illustriert von Dagmar Lüke

Impressum

Bibliografische Information der Deutschen Nationalbibliothek: Die Deutsche Nationalbibliothek verzeichnet diese Publikation in der Deutschen Nationalbibliografie; detaillierte bibliografische Daten sind im Internet über http://dnb.dnb.de abrufbar.
Die automatisierte Analyse des Werkes, um daraus Informationen insbesondere über Muster, Trends und Korrelationen gemäß §44b UrhG („Text und Data Mining") zu gewinnen, ist untersagt.
2. Auflage © 2024 Ulli Soak
Lektorat und Korrektorat: Alexander Demuth, Ulli Soak
Illustrationen: Dagmar Lüke
Verlag: BoD · Books on Demand GmbH, In de Tarpen 42, 22848 Norderstedt
Druck: Libri Plureos GmbH, Friedensallee 273, 22763 Hamburg
ISBN: 978-3-7597-4351-0

Inhalt

Vorneweg noch ditt und datt

Geehrtes Lesepublikum!

Stellen Sie sich ein Marmeladenglas vor, soeben zugeschraubt, noch warm, voller frisch gekochter Erdbeermarmelade. Der Duft wabert freundlich durch den Raum.
Die Erdbeeren wurden gepflanzt, gehackt, gegossen, von Unkraut befreit, im Sommer geerntet, gewaschen, die Stiele mühsam abgepult. Anschließend wurden sie geschnitten und mit viel Zucker zu Marmelade verkocht, zum Schluss noch das Etikett draufgeklebt: „Mit Liebe gemacht" oder sowas steht drauf.
Dieses Buch hier ist meine Erdbeermarmelade für Sie.
Über viele Monate habe ich meine Gedanken beobachtet, das Beobachtete zusammengereimt, bearbeitet, verworfen, neu geschrieben, mit viel Amore und ein wenig Kiki.
Sie wissen nicht, was Kiki ist?
Kokolores, Dünnes, Spaß.
Kiki nennt man das in der Altmark.
Da komme ich her. Doch das nur nebenbei.
Aber noch etwas anderes:
Sie treffen beim Lesen hin und wieder auf Ihnen vielleicht unbekannte Zeichen.

Eventuell erkennen Sie sie auch: Es sind die alten Schriftzeichen der Germanen, die Runen.

Ursprünglich wurden die Runen zur Niederschrift von Zauber- oder Segenssprüchen verwendet. Es ging dabei um den Schutz auf einer Reise, die Genesung bei Krankheit, die Liebe oder die Haltbarkeit der Ehe.

Die kunstvolle Tradition, kurze Segenssprüche über den Haustüren oder auf Alltagsgegenständen anzubringen, erzählt noch heute davon.

Es gibt jedoch seit dem 20. Jahrhundert Personen, die die Runen für ihre brutalen und zerstörerischen Ansichten und Zwecke missbraucht haben und bis heute missbrauchen. Das kann ich so nicht akzeptieren.

Mithilfe der Runen wurde, so wie ich es verstehe, viel Gutes bewirkt: Ängste wurden gelindert, Mut gemacht für schwierige Aufgaben, der Liebe wurde Raum gegeben.

Aus den Runen gingen die Buchstaben hervor, mit deren Hilfe viele, viele Bücher das Licht der Welt erblickten – eines davon halten Sie in den Händen.

Deshalb starte ich hier einen klitzekleinen Feldversuch: eine moderne Verwendung der alten Schriftzeichen laut ihrer lebensbejahenden Tradition und frei von Intoleranz oder Deutschtümelei.

In diesem Buch finden Sie Sprüche zur Motivation, zum Erspüren der Lebensfreude.

Auch Spaß ist dabei.

Ich bin natürlich keine germanische Seherin, und wenn ich von einer abstammen sollte, ist das magische Blut im Lauf der Jahrhunderte vermutlich verwässert. Daher kann ich Ihnen nicht garantieren, dass die Sprüche als Zauber wirken. Sie sind als Wünsche gedacht, als gute Gedanken, die ich Ihnen auf Ihren Trampelpfaden durch das Leben gern mitgeben möchte.

Vielleicht können wir zusammen die armen, kleinen Runen damit aus dieser Schmuddelecke herausholen, in der sie seit vielen Jahren ihr tristes Dasein fristen.

Vielleicht können wir ihnen gemeinsam einen neuen Platz in unserer kulturellen Mitte einräumen.

Mich würde es freuen.

Aber nun genug der pathetischen Worte!

Vorhang auf für die Amore, der leisen Herrscherin, der ich in dieser Welt die Macht zubilligen möchte und die ich für Sie mit Kiki kompakt verpackt habe.

Amore voräwa, Ulli Soak

Ouvertüre: Der diabolische Schreibtisch

Mein Schreibtisch ist ein toller Ort:
Hier schreibe ich mich weit, weit fort
in famose Abenteuer
mit Pferden, Helden, Ungeheuern.

Doch eines kann ich nicht versteh'n:
Kann es ohne Spuk zugeh'n,
dass ich den Schreibtisch täglich ordne,
alles an seinem Platz schön horte,
und dennoch sieht es aus wie Schwein?
Der Schreibtisch muss ein Teufel sein!
Er hasst die Ordnung und das Licht,
verträgt auch freie Flächen nicht.
Er braucht das Durcheinander, Chaos,
sonst fühlt er sich nicht grandios.

Doch, ganz ehrlich, denke ich:
Komplexe Leute bannen mich!
Muss jeder geleckt und ordentlich sein?
Langweilig! Da sag' ich: Nein!
Drum schreib' ich auf der Couch nun weiter,
so wie der Schreibtisch ist, so bleibt er!

Frühling & Kiki

Ran an den Spaten!

Du liebes, kleines Menschlein du,
verzweifle nicht vor schweren Taten.
Zieh durch! Du hast die Kraft dazu!
Ran mit dir an den Spaten!

Die Beete freu'n sich auf dein Schaffen,
bald kommen lecker Bohnen raus.
Brauchst nicht zu schimpfen und zu blaffen,
Möhren gibt's bald, Erbsen auch!

Und wenn du dann dein Süppchen schlürfst,
und es schmerzt jeder Knochen,
dann denke dran, wie froh du bist
beim erntereichen Kochen,
denn eignes Grünzeug bringt Genuss
mindert Büroalltagsverdruss,
bereichert dich für Wochen.

.

Frühlingsvibration

Presslufthammer, Absatzklappern,
Motordröhnen, Motorsäge,
Kinderschreien, Rasentrimmer,
Altglasleerung, Reifenquietschen.
Das Stadtlied tönt so laut im Ohr,
dass eines dringt nicht zu mir vor:
das wilde Lied des Frühlings.

Ich gehe Schritt für Schritt hinaus,
der Lärm verebbt, bleibt hinter mir,
aus den Häuserschluchten raus,
fort von uns und euch und dir.

Tief im Wald erst bleib' ich steh'n.
Augen zu: Jetzt hör' ich es.
Es rauscht und singt, bald kann ich's fühl'n:
Das wilde Lied des Frühlings.
Blätter flüstern, Vögel jubeln,
der Wind tanzt in das Himmelszelt.
Der Bach, in dem sich Fische trubeln,
gluckst froh, wenn er am Stein sich wellt.

Und tief in mir schwillt dieser Ton,
schwingt mit in allem rings,
mein ganzer Körper vibriert nun schon
zum wilden Lied des Frühlings.

Der Status

Hi! Ich bin's: dein Status!
Bin der, der immer mit muss.
Ob Ducky-Schnute, Frühlingsblume,
goldiges Baby, Brot mit Krume –
ich helfe, das alles der Welt zu zeigen.
Doch ist's kein Gespräch,
weil die anderen schweigen.
Gesehen: 15 bis 100 Mal,
doch was dir dann bleibt, ist nur diese Zahl.

Und so lässt du dich vom Selbstwert foppen,
versuchst immer nur, diese Zahl noch zu top-
pen.

Arrangierst und inszenierst,
probierst und verzierst,
kombinierst und fotografierst.

All dein Können fließt in mich hinein,
doch ich kann nur eins: eine Meldung sein,
ein kurzer, flüchtiger Rausch-Moment,
der Traum von Welt und Dasein trennt.

Man sieht mich an, dann bin ich passé,
vorbei, bums und aus, nix reanimé.

Ohne Tamm-Tamm

Unspektakulär
kommt der Frühling daher,
unrevolutionär,
unauffälliger
und dezenter
als die Pracht der herbstlichen Blätter.

Und doch durchpuckert der
Herzschlag und Duft der
erwachenden Er-
de das Herz vor Glück so sehr
und mit jedem Tag mehr.

Ostergedanken oder: Ich bin nicht tot!

Wie tot schläft der Wald,
vorfrühlingsstill.
Doch! Wasser pulsiert in den Adern:
„Ich bin schon sehr alt,
erwach' im April!"
Lebendige Wässer schwadern.

So österlich geht
von dannen der Scheintod
im Wald und auch in mir.
Göttlich gesät
das Leben im Lot,
geschenkt ist es dir und mir.

Zeit für Stabreim:

Frühlingszauber zur Vertreibung
des Winterdepris

ZIEH DEN DUFT DURCH DEIN
DUNSTORGAN
SPUERE DIE SONNE AUF DEINER
SCHNEEHAUT
LASS DUESTERES DENKEN AUS DEI-
NEM DEEZ HERAUSDROESELN
FANG ALLMAEHLICH AN
AUFGELOCCERT ZU
ATMEN

Kastanienblüte in der Betonklotzstraße

Ihr mächtigen, magischen
Blütenbäume,
eure Kerzen erstrahlen hell wie in
Träumen!
Was macht ihr doch unsere Großstadt so
schön!
Daneben sind Hochhäuser kaum noch
zu seh'n.
Das Grau und der Schmuddel sind fort aus
dem Blick,
berauscht geh' ich hier und schau nicht mehr
zurück.
Denn hinter mir stehen sie, düster,
erdrückend,
die Riesen aus Stahl und Beton,
grauenhaft!
Doch euch, ihr Kastanien, find' ich
entzückend,
mit euch hat's mein Herz hin zum Frühling
geschafft.

Sommer & Kokolores

Leute, seht euch das mal an:
Zum Strandgang gerüstet ist der Hahn!
Die Hennen sinnieren:
„Gack, also, dann
ist jetzt wohl endlich der Sommer ran.“

Der Staubsauger-Garten

Braun bis gelblich dörrt der Rasen,
akkurat zurechtgemäht,
kein Löwenzahn und auch kein Unkraut
dein akribisches Auge stört.

Sauber liegen weiße Steine
um die gestutzte Konifere.
In deinem Garten herrscht das Reine!
Nicht mal die Wüste ist drögerer.

Was ist das Ziel in diesem Garten?
Soll er Staubsauger-kompatibel sein?
Sieh: Der schwarze Schnitter selbst
streicht um die toten Beete dein!

Geh' einmal weit durch wilde Wiesen,
atme tief, tief, tief, tief ein.
Fühl' das Streicheln hoher Gräser
an den nackten Knien dein.
Im Duft von Hornklee und Kamille
spüre Leben, Kosmos, Glück.
Statt Grabesstille singt die Grille,
aus Unkraut und Chaos schaut Liebe zurück.

Goldener Sommerfrieden

Leuchtend wie aus Zwischenwelten
liegen goldene Teppiche über dem Land.
Schießende, wärmende Lichtstrahlen perlen
hell an der duftenden Grashalmen-Wand.
Aus meinem quälenden Gedankenkrieg,
den dein Gerede in mir entfacht,
wächst in mir goldener Sommerfriede,
weil diese Schönheit so glücklich macht.

Ich sehe dich nicht mehr,
dein Wortstrom ist versiegt,
mein Kopf wird leerer als leer,
wenn ich hier ruhig lieg'.

Wär' es für dich nicht 'ne Option,
einfach mal runterzuschalten?
Ich bin vom Büro in den Garten gefloh'n,
lasse die Ruh' sich entfalten.

Ich weiß, du bist ein fleißiges Kerlchen,
die viele Arbeit bringt dir den Kick.
Doch dein Gerede kann ich entbehrchen,
es dient nur deinem, nicht meinem Glück.
Tour doch einfach auch mal runter
und lege dich mitten ins sonnige Gras.
Glaub mir, das ist auf Dauer gesunder:
Rumliegen fetzt und macht großen Spaß.

Ode an die kapitalistische Frühkartoffel

Gepellt, gekocht, gebraten, als Brei,
mit Quark, Spinat und auch mit Ei,
du köstlichste aller Kartoffeln aus
frühester Ernte, was bist du ein Schmaus!

Doch nicht nur, dass dein Geschmack mich
entzückt
und entflammt ein lukullisches
Freudenfeuer,
wenn ich dich an den Gaumen drück'.
Du bist drüber hinaus auch nicht einmal
teuer:
Der Sack nur dreifünfzig, im Garten noch
besser:
da hab' ich dich in die Erde gesteckt,
dann wartete ich mit gezücktem Messer,
bis hundert Töffelinchen zum Leben
erweckt.

Die Ernte war mühsam: Ach, dieses
Geplacke
mit Spaten und Forke und auch mit der
Hacke!
Doch hat sich's gelohnt, der Korb war
dann voll,
du gute Kartoffel, ich dank dir ganz doll!

Und ganz nebenbei bist du auch ein Vorbild,
ein kapitalistisches Vorzeigestück:
Man muss dich nur pflanzen und erntet
Rendit',
Frühkartoffel,
du bist des Geschäftsmannes Glück!

Machtwort an meinen abendlichen Schatten am Meer

Was machst du, mein Schatten,
ein langes Gesicht?
Hörst du das Rauschen des Meeres nicht?
Es spült den gesamten Gehirnfasching fort,
verhindert Glück-würgenden Seelenmord.
So kannst du daran hier nicht mehr kranken,
am Meer bitte nur helle Wellengedanken.

Zeit für Stabreim:

**Bannspruch für mitteilungsbedürftige
Kollegen kurz vor dem Sommerurlaub**

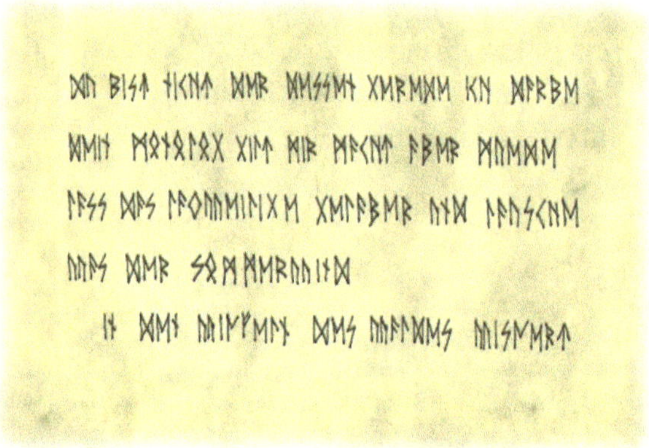

DU BIST NICHT DER DESSEN GEREDE
ICH DARBEN WERDE
DEIN MONOLOG GILT MIR
MACHT ABER MUEDE
LASS DEIN LANGATMIGES GELABER
UND LAUSCHE
WAS DER SOMMERWIND
IN DEN WIPFELN DES WALDES
WISPERT

Meine eigene Autobahn

Ich arbeite rund um die Uhr,
'ne Mille muss schon sein,
dafür ist mein Haus in Hamburg
nicht gerade klein.
Ganz nett macht sich der Lamborghini
dort vor meiner Tür,
und die Yacht in Saint Tropez –
ja, gut, die gönn' ich mir.

Doch wenn man so viel rackert,
muss Erholung wirklich sein,
drum habe ich ein Ferienhaus
in Spanien – ganz klein!
Und noch eins steht in Österreich
und eines noch auf Sylt,
je nachdem, nach welchem Urlaub
sich die Kleine fühlt.

Doch leider hab' ich ein Problem,
da muss 'ne Lösung her:
denn Zeit ist knapp, die Durchfahrt ist
auf allen Autobahnen schwer:
Irgendwie sind permanent
die anderen im Weg,
wenn ich mit knapp 200 Sachen
auf der linken Spur lang feg'.

Drum hab' ich eine Forderung,
die steht mir wirklich zu,
mein Lebensstil erfordert das,
ich denke, das verstehst auch du:

Man bau' mir eine Autobahn
ganz für mich allein!
So kann ich schnell in Saint-Tropez
und schnell in Österreich sein,
die Fahrt nach Sylt schaff' ich dann auch
am gleichen Wochenende,
wenn meine eigene Autobahn mich führt
mit Vollgas quer durch das Gelände.

Gewiss, es geht nicht immer
völlig reibungslos,
die Alpen steh'n ganz schön im Weg,
und die sind wirklich groß!
Doch kein Problem, das Geld ist da,
den Sprengstoff stell' ich euch,
denn eben soll die Straße sein,
einmal gradedurch!

Der olle Schwarzwald stört auch noch?
Den sägen wir fix ab,
weil ich noch ein paar CO_2-Zertifikate
auf dem Schreibtisch liegen hab',
damit wär' meine Autobahn
auch klimaneutral,

und nachhaltig ist sie sowieso,
weil ich alleine darauf fahr`!

Man baue mir eine Autobahn
ganz für mich allein!
Entschuldigung, ich arbeite viel,
daher muss das sein!

Ich fahr' nach Sylt, nach Saint-Tropez
und auch nach Österreich,
Oh, in New York wird auch was frei –
baut mir 'ne Brücke übern Teich!

Lebendiges römisches Mosaik

Umweht vom sommerwarmen Fön,
betritt sie still das kühle Haus.
Bewundert staunend Künstlerhöhen
und zieht sich die Sandalen aus.

Der nackte Fuß spürt die Profile
des Mosaiks im Villenboden,
tausend Steine formen Delfine,
in dunkelblauen Wellen wogend.

Trivialer Stein, durchdacht gesetzt,
ergibt das schöne Arrangement,
Marmor formt ein Bild zuletzt,
jahrtausendalt, doch so gekonnt.

Vom Fuß ins Bein und bis ins Herz
strömt ihr die Liebe hier entgegen,
sie spürt, mit Arbeit und viel Schmerz
hat jemand Daseinslust gegeben.

Sie fühlt sich schön, sie fühlt sich froh,
von der lebendigen Kunst am Boden,
sie schreitet aus und denkt sich so:
Ich würde gern den Künstler loben.

Frenetischer Applaus für mich

Wenn mir die Anerkennung fehlt,
mein Ego tief im Keller schwelt,
niemand würdigt all mein Tun
und meine großartige Person,
dann fahre ich ins weite Feld,
wo bis zum Wald steht roter Mohn:
Er klatscht inmitten der blinden Welt
für umme Applaus für mich – subsum.

Latschen gegen Stress

Mein Weg liegt vor mir, endlos lang,
doch in mir braust der wilde Klang
des großen Abenteuers Welt
unterm kaugummieisblauen Himmelszelt.

Es singt und wispert: Mir gefällt,
dass du das siehst, was ich dir zeige,
dein Erlebnisglas geht nicht zur Neige,
Du rast und fliegst nicht an mir vorbei,
gehst Schritt für Schritt, bist dabei so frei,
zu stehen, zu schauen, zu atmen die Luft,
erfüllt von Blumen- und Baumnadelduft.

Jou, denk' ich mir, genauso isses,
und bei dem Gelatsche fällt ab auch
der Stress!
Wie großartig ist doch 'ne Reise zu Fuß,
bei der ich nur geh'n und sonst
gar nix tun muss.

Erdbeeren gegen den Hass

Manchmal steht mir alles richtig bis
zum Hals,
wenn einer nur mir dann doof kommt,
denke ich: Gleich knallt's!
Ich hab' die Schnauze voll und kann keinen
mehr sehn,
gern würd' ich die Koffer packen
und weit, weit weg gehn.

Schon allein das Aufsteh'n morgens ist mir
viel zu viel,
das Wetter ist zu heiß, zu kalt, zu nass, zu
warm, zu schwül,
dann will ich zur Arbeit fahren – geht nicht:
Rad geklaut!
Und abends auf der Couch beim Chill'n
schreit Nachbars Baby laut.

Doch wenn's so richtig in mir kocht,
dann hab' ich ein Rezept:
Das empfehl' ich hier und jetzt, damit der
Hass abebbt:

Ich esse Erdbeern,
denn Erdbeern schmecken gut!
Ich essen Erdbeern,
denn das hilft gegen die Wut.
Ich esse Erdbeern,
denn Erdbeern machen froh,
sie schmecken
frisch,
gekocht,
auf Kuchen,
Eis,
mit Sahne
und auch so!

Mein Chef, der Herr Kuppelka, weiß alles
ganz genau,
er hört sich gerne selber zu, doch arbeitet er
selten nur,
und ist dabei so schrecklich schlau!
Und in der Schlange der Kantine
rammt mich von seitens die Kathrine:
„Ich war hier zuerst, mach Platz!"
Ich denk' nur: Kein Problem, mein Schatz!

Abends dann nach langem Kochen
schmeckt's dem Jüngsten nicht,
der Saft fällt um, das Brot ist ranzig,
und ein Stuhl zerbricht.
Später geh' ich durch die Bude:

Socken, Legostein,
Stifte, Schere, Popcorn, Knete,
und ich latsch' voll rein.
Draußen dann auf der Terrasse
bleibt's auch nicht lange still,
weil der Nachbar um halb neun noch Rasen
mähen will.

Dann, wenn's richtig in mir brodelt,
hab' ich ein Rezept,
das froh und glücklich in mir jodelt,
bis der Hass abebbt:

Ich essen Erdbeern,
denn Erdbeern schmecken fein,
Ich esse Erdbeern,
dann hau' ich keinem in die Gusche rein!
Ich esse Erdbeern,
denn Erdbeern machen froh,
sie machen
locker,
sorglos,
leicht,
entspannt
und glücklich sowieso.

Herbst & Dünnes

Fetter Herbstwind

Spürst du den Herbstwind,
den mächtigen, fetten?
So kurz vorm Fliegen warst du noch nie!
Such dir 'nen Berg,
renn mit ihm da runter!
Ich sage dir eins:
Das gibt Euphorie!

Schackernder Herbstmond

Wie hell der Mond am Himmel schackert!
Mein Herz vor Freude überquackert!
Es summt uralt und tief in mir:
Du Herbstmond, du, wie mag ich dir!

Nordwald – Klangmalerei

Dunkel und verwunschen wallt der Abend
unter starken Ulmen und duftenden Tannen.
Den warmen, trauten Ruf des Uhus
vernahmen Adler und Ameise,
während die Bäche rannen.

Hasen und Marder umfängt der Duft
von Sand und Latschenkiefern.
Elche rammen
ein letztes Mal zusammen,
während grüne Flammen
an der dunklen Himmelskuppel
züngeln durch die Luft.

Abendwind raunt von Ast zu Ast,
Dampf wallt lautlos am Waldeshang.
Albenhaar flattert am schwarzen Gras,
umhüllt magischen Nordwald-Klang.

Die Ballade
von der Wanderung der Bücher

Einst sprachen die Bücher im Regal:
„Hier zu stehen ist 'ne Qual!
Diese Bretter sind knallhart,
drum ziehen wir aus auf große Fahrt!"

So hüpften sie, eins um das andere
vom Regal herab, um auszuwandern.
Das Erste fand die Couch recht schnell,
es rief: „Kommt her, ihr Freunde und
Gesell'n!"

Hopphopp, schnell folgten sie dem Freund,
sanken ins Polster zu siebt, acht, neunt.
Ach, wie weich und wie bequem!
Die Bücher fanden's einfach schön!

Doch bald schon war der Raum verbraucht,
es ward gedrängt, geschubst, gefaucht:
„He, macht Platz! Das weiche Sofa
ist für jeden von uns da!"

Doch voll ist voll, da half kein Schieben,
kein Treten, Knuffen, Runterhieben.
Nur aufeinander, hoch in Stapeln,
konnten die Bücher sich auftürmapeln.

Bequem war das für keinen mehr:
Es lagen auf Polstern die Unteren,
doch drückten sie mit ihrem Gewicht
die Oberen – entspannt war das nicht!

Die Oberen wurden zwar nicht gedrückt,
doch waren sie auch nicht sehr entzückt:
Hart ist es sehr, auf Büchern zu liegen,
exakt so hart wie auf Regalbrettstiegen.

Doch in dieser nicht sehr bequemen Lage
genossen sie dennoch die herbstlichen Tage:
Sie lasen sich einfach einander vor –
Bücher sind schlau und haben Humor.

Herbstspaziergang ohne Gesabbel

Gespräche sind wichtig und bleiben
bestehen,
doch manchmal muss ich in den Wald
hinein gehen.

Hier unter den Bäumen finde ich Ruhe,
fern von Gequassel und fadem Getue.

Ein Rabe krächzt schallend,
es tropft leis' der Zweig,
der restliche Wald aber jovial schweigt.

Und während ich wand're, strömt alles
heraus:
die Spannung, die Angst und der
Alltagsgaraus.

Die Arme der Tannen nehmen mich
in die Mitte,
sie rauschen: „Dein Rastplatz sei hier
bei uns: Bitte!"

Offene Tage

Zwischen gold'nen Ahornblättern
klingt des Herbstes Abschiedsweise,
so lange, bis ein grauer Vorhang
die Welt schickt auf die Winterreise.

Die letzten Sonnenstrahl'n des Jahres
wärmen uns den Rücken noch.
Staunend steh'n wir vor den Netzen
die Frau Alb ins Gras einflocht.

Und des Nachts im Windebrausen
hör'n wir noch ein andres Lied:
Horch! Sie singen, unsre Ahnen,
eh das alte Jahr entflieht.

Ode an das Nussbrot

In beutelschweren Krisenzeiten
ist das Dasein oft nicht leicht:
Schuften, rackern, jammern, streiten,
der Urlaub zu teuer, die Freude entfleucht.

Was hat nur Oma, Opa, unser Tantchen
durch ihre Unglückszeit gebracht?
Kleine Dinge, die so manchen
üblen Tag heller gemacht!

O du geliebtes, dunkles, weiches
Nussbrot von Bäcker Huschebeth!
So wie dich kenn' ich kein gleiches,
im Alltagsstress hast du mich gerettet!

Hart und knusprig ist die Rinde,
wie Kuchen süß das Innere,
und durch die Nüsse, wie ich finde,
wird's Abendbrot zum Festgelage.

O Seligkeit, wenn ich dich kaue,
und spannt die Buxe auch am Bauch!
Wenn ich mich randvoll mit dir haue,
sind Sorgen fern und ich gut drauf!

Ödchen an das Nussbrötchen

Beim Aufsteh'n morgens in der Früh
Tun mir alle Knochen weh.
Unausweichlich und doch schwer:
Das Alter macht uns nicht neuer.

Doch wartet mein Trost am Frühstückstisch:
ein Nussbrötchen, aromatisch und frisch!
Fluffig, köstlich mundet's mir,
O guter Bäcker, ich danke dir!

Mein Tag beginnt so ohne Sorgen,
und abends freu' ich mich auf morgen,
wenn Nussbrötchenduft kitzelt die Nase
und ich beglückt zum Frühstückstisch rase.

Zeit für Stabreim:

Liebeszauber in der Anderen Welt

52

TUEREN UND TORE SIND
TROESTEND OFFEN
COMM WIR WIRBELN DURCH DIE
ZEIT WAEHREND WIR
UNS VON UNTEN IN DIE AUGEN
SEHEN UND
ARM IN ARM DIE ANDERE WELT
UM UNS WALLT

Winter, Weihnachten & Mumpitz

Das weiße Geschenk des Himmels

Licht und Ewigkeit
erstrahlt auf uns'ren Feldern,
der helle Schnee holt aus der Zeit
die dunklen, tristen Wälder.

Die Zwietracht wird verblassen
im himmlischen Licht der Utopie.
Sie raunt zuletzt noch durch die Gassen,
fährt hoch und schwindet hier.

Licht und weißer Frieden
legen sich auf dein Gesicht.
Das Leuchten will dich lieben,
die Heil'ge Nacht anbricht.

Heimkehr vom Weihnachtsgottesdienst

Von Pastors Worten kehrst du heim,
beseelt, erfreut, beglückt,
zu Rotkohl, Ente, Schoki.
Du schenkst dir einen Glühwein ein,
ein Gabenberg die Kids entzückt
und Bier den lieben Opi.

Sitzend staunst du all das an,
beseelt, erfreut, beglückt,
mit deinen Weihnachtsaugen,
der Glühwein fängt zu wirken an,
du schwebst im Sessel, weltentrückt,
Glück kann niemand rauben.

Mei Linglöckchen

Du stehst entzückt vorm Lichterbaum,
und klatscht froh in die kleinen Hände,
doch die Geschenke siehst du kaum,
ich dachte erst, der Glanz, der blende
deine blanken, großen Augen,
oder dass die Gaben gar nichts taugen,
doch das, was du zuerst erkennst, ist
„Schoki, Schoki, Schoki!"

Du bist beglückt so wie noch nie!
Ein Schokoweihnachtsmann verschwindet
in deinem kleinen Mündchen.
Genuss, den jeder mitempfindet!

Doch dann siehst du das Glöckchen:
Das kleine Glöckchen, das verzierte
des Schokoweihnachtsmannes Hals.
Und dieses Glöckchen dich plaisierte:
„Mei Linglöckchen!", rufst du als
du es schüttelst und es klingt.

Ich sehe dich und deine Freude,
die weihnachtsfroh tief in mir singt.
Und als der Weihnachtsmorgen gräute,
trugst du's gleich einem Heiligtum,
und riefst, der Welt es kundzutun:
„Mei Linglöckchen, mei Linglöckchen!"

Du stapftest froh auf kleinen Söckchen,
den Schatz fest in der Faust geborgen,
den ganzen Weihnachtstag umher.
Ich blicke selig schon auf morgen,
weil du, mein Kind, weißt so viel mehr
als manch gelehrter, großer Mann,
der nur Teures schätzen kann.
Dich macht ein kleines Glöckchen froh,
auch wenn das nicht geplant war so!

Zeit für Stabreim:

Bannspruch gegen depressive Winterge-
danken

WOHLIG WARM SCHEINT DIE
WINTERSONNE DURCHS FENSTER
ERINNERE DICH DU
DAHINDAEMMERNDER
DAUERGRUEBLER
DIESE SONNE SCHEINT IM SOMMER
AUF DEINE SINNE
LASS DIE LEIDIGEN GEDANKEN
LAUT UND LEISE LOS

Wer bin ich?

Bester

Nadelnzeigerunterdemweihnachtsbaum
Arbeitskollegenvordemteamberichtiger
Richtigräumervongeschirrimküchenschrank
Zuwenigsalzimessenbemerker
Inderablageallesnachgrößesortierer
Stullengenaubiszumrandschmierer
Suppenhaarfinder
Tolleeigeneleistungenbenennerwährendei-
nanderergelobtwird

Gemüse ziehen

Es neigt dem Ende sich das Jahr,
wir zieh'n nun Resümé:
War's gut, war's ätzend, das, was war?
Gab's Glück? War alles Krise?

Ostern gab es viele Eier,
im Sommer manche Würstchenfeier,
im Herbst 'ne Menge Laub zum Rechen,
im Winter die Versicherung blechen.

Vieles kann und geht nicht mehr,
auch kommen neue Beschwerden.
Doch eins ist Neujahr seit jeher:
'ne Chance für neues Werden.

Die guten Vorsätze sind passé

Es beginnt das neue Jahr
mit viel Getös, Hipp-hipp, Hurra.

Und im Schwung von Sekt und Bier
sagt manch einer: Ich nehme mir
fürs neue Jahr was Tolles vor:
Klimm' die Leiter der Karriere empor,
geh' täglich radeln oder joggen,
ess' Obst, Gemüse, Haferflocken.
Die Kippen kommen nun auch endlich fort!
Doch nach zwei Wochen Verzicht und Sport
ist der Elan im Nebel verschollen,
wir sitzen entmutigt im Sessel und
schmollen.

Hey, Leute, schauen wir in Ruh'
den guten, alten Januar an:
Hier gibt es per se nur wenig zu tun,
er ist ein eher verschlafener Mann.
Geh'n wir es halt genauso an:
Mit Ruhe sich oft schon was Gutes entspann.

Ein Winterwochenende als Gedicht

Freitagabend: gebrochener Zeh.
Samstags (ganztags): alter Schwe-
de, tut das weh!
Sonntagmorgen: Schnee, juchee!
Sonntagmittag: Au, der Zeh!
Sonntagnachmittag: Schnee passé.
Sonntagabend: Konzert, wie scheen!
Sonntagabend (spät): Aua im Zeh passé?
Nee.
Aber ok.

Winterrat der Tauben

Sie sitzen gemeinsam im Nebel,
allein schaut jeder ins Land.
Reglos und doch beieinander
umschließt sie die graue Wand.

Und plötzlich, als wär' es besprochen,
fliegen sie schnell, elegant.
Nur Rumhocken macht eben depri,
das hab'n selbst die Tauben erkannt.

Einsame Winternasen

Als ich heut' in der Dämmerung
durch uns're Straßen schritt,
war mir, als wenn um mich herum
so manche Seele litt.
Denn um die kalten Nasen her
schien Einsamkeit weh'n,
und in so manchem stummem Blick
schien Traurigkeit zu steh'n.

Da stieg in mir die Frage hoch:
Wie kommt's in einer Welt,
in der 'ne Menge Kram und Geld
und Technikgedöns zum Reden doch
steh'n jedem zur Verfügung,
dass in der Abenddämmerung
die Nasen dennoch einsam sind?

Weiß nicht, wie ich das find.'

Beschluss für kalte Wintertage

Heult der Wintersturm ums Haus,
schläft der Frühling sich noch aus.
Drum will ich es genauso tun,
den Schmerbauch auf der Couch ausruh'n.
Dort sitze ich fidel und froh
Bis der Frühling da ist – so!

Platz für eigenen Kiki:
Reime, Bildchen, Gekritzel, gedanken-
verlorenes Rumgemale während langwei-
liger Telefonkonferenzen oder Unter-
richtsstunden:

Danke

Danke
der wunderbaren Illustratorin Dagmar Lüke,
weil sie auf meine Wünsche freundlich ein-
ging und mit ihren herrlich getroffenen Bil-
dern meine Texte lebendig werden lässt.
Danke
der Lektorin und Setzerin Ute Schmidt, die
mich mit Frau Lüke bekannt gemacht hat.
Danke
meinem Mann Alex für sein treues Gegenle-
sen und die Motivation durch kräftiges Lob
nach jedem einzelnen Gedicht.
Danke
von Herzen meinen wundervollen Kindern,
dafür, dass sie mich immer wieder inspirie-
ren und glücklich machen.
Danke
meiner Großmutter Hilde und meiner Tante
Maria dort oben im Himmel, die die Ersten
waren, die mich im Dichten bestärkten.
Danke
meinen Eltern.
Danke
Eckard für das Bestärken darin, den eigenen
Kram zu machen (mit und ohne Lust).

Danke
Heike und Volker.
Danke
Tini, Basti, Flori, Caro, Jacki, Martin, „Cowboy“ Jonas, Thom, Mel, Joey und Laura für viel gute Laune und Heavy Metal während des Germanistikstudiums – beides floss in meine Dichtung ein.
Danke
Kathleen, Juliane und Kathi, die als Freundinnen nach dem Studium in mein Leben kamen und mich so liebevoll zum Schreiben ermutigen.
Danke
Bäcker Jens Huschebeth und seiner freundlichen Frau, die uns wunderbar mit Nussbrot versorgen.
Danke
allen netten Leutchen auf Instagram und Facebook, etwa Serafinia Gabrielli und Birgit Gundel und vielen anderen, für die liebvolle Unterstützung.
Danke
meinem Arzt, Dr. Volker Gerlach, der mich ermuntert hat, in einer finsteren Phase meines Lebens Dinge zu tun, die mich froh machen.

So entstand diese Erdbeermarmelade –
pardon, dieses Buch.

DANKE EUCH ALLEN.

***

Ulli Soak heißt im bürgerlichen Leben Ulrike De-
muth, geb. Noetzel. Sie wuchs in Kläden bei Arend-
see auf und studierte Germanistik und Musikpädago-
gik.
Seit der Geburt ihrer Tochter verfasst sie Märchen
und Gedichte, die in Anthologien verschiedener Ver-
lage erschienen. Im Eigenverlag veröffentlichte sie
u.a. „Prinz Karolus sucht eine Braut – Ein albernes
Antimärchen" und das Kinderbuch „Als beim Weih-
nachtsmann Remmidemmi war".
Neuigkeiten rund um Ulli Soaks Lesungen und Ver-
öffentlichungen finden Sie auf ihrer Homepage
www.ullisoak.de sowie auf ihren Accounts auf
Instagram und Facebook.